Der Personalrat im Wirtschafts- unternehmen Hochschule

Wirtschaftsausschüsse
nach dem LPVG NRW

Dr. Detlef Berntzen

ISBN: 1492226815
ISBN-13: 978-1492226819

WIDMUNG

Dieses Buch widme ich meinem Urgroßvater
Heinrich Berntzen, der die Tradition unserer Familie
begründet hat, sich gewerkschaftlich zu organisieren
und zu engagieren.

INHALTSVERZEICHNIS

1 Die Vorgeschichte - Hochschulfreiheit und Personalvertretungsrech te in NRW

Dieses Buch wendet sich an alle, die sich mit Mitbestimmung an Hochschulen befassen und dabei an zwei Aspekten vornehmlich Interesse haben: einerseits geht es um Hochschulen als Wirtschaftsunternehmen besonderer Art, die - wie im hier besonders betrachteten Fall der nordrhein-westfälischen Hochschulen - als freie, ökonomisch selbständige Hochschulen verstehen. Diese Selbständigkeit hat sich in einer Zeit etabliert, in dem das zweite Interessenfeld zurückgeschraubt wurde. Die schwarz-gelbe Regierung unter Rüttgers hat zwar die Hochschulen in die Freiheit entlassen, aber den Personalräten viele Mitbestimmungs- und Mitwirkungsrechte entzogen. Da der politische Wille fehlte und noch fehlt, die Hochschulfreiheit wieder zurückzuschrauben, ist wenigstens im Bereich des

Personalvertretungsrechtes unter der Minderheitsregierung des rot-grünen Lagers mit der SPD-Frau Kraft ein neues Gesetz geschaffen worden, das nicht nur die Einschnitte von Rüttgers wieder wett machte, sondern neue Formen der Beteiligung, neue Verfahren und neue Inhalte der Mitbestimmung zugänglich machte.

Gehen wir zunächst auf die neue Hochschulstruktur ein. Hochschulfreiheit hieß bei Einführung des neuen Hochschulgesetzes unter Rüttgers vor allem: wir schaffen von der Ministerialbürokratie unabhängige Hochschulen, die alle wesentlichen Fragen der eigenen Ressourcennutzung zwar unter die Steuerung des Landes durch - nicht sanktionierte - Ziel- und Leistungsvereinbarungen stellte, aber den Hochschulen weitestgehende Befugnisse eröffnete. So fielen von einem auf den anderen Tag alle Verordnungen und Erlasse - also alle Rechtsvorschriften unterhalb von Gesetzesnormen - für die Hochschulen unter den Tisch. Was sich als Befreiung von Normen und Gängelbändern verstand, wurde schnell zum neoliberalen Deckmantel für eine restriktive Personalpolitik in den unteren Gehaltsgruppen, für eine Befristungsorgie beim wissenschaftlichen Personal, und für Exzellenzinitiativen aller Nuancen.

Diese Liberalisierung ging einher mit der Beschneidung der Mitbestimmungsrechte der Personalräte in den Hochschulen. Mühsam musste die Instanz eines Hauptpersonalrats beim Ministerium ersetzt werden durch eine Landespersonalrätekonferenz, die gesetzlich nicht vorgesehen war, aber selbst bei den Unverständigsten schließlich akzeptiert wurde, weil schlicht die geordnete Kommunikation mit allen Personalräten nicht mehr möglich war, auch weil entsprechende Runden jeglichen Rahmen gesprengt hätten.

Der Juli 2011 war der Wendepunkt in der Ausgestaltung des Personalvertretungsrechts. Zwar wurde damit nicht erreicht, dass die gewerkschaftliche Forderung nach Rückkehr aller Hochschulbeschäftigten in den Landesdienst umgesetzt wurde. Dies wird auch in den nächsten Jahren bedauerlicherweise Wunschdenken bleiben, weil der politische Wille - trotz entsprechender Passagen in Parteiprogrammen - dazu nicht vorhanden ist. Dies zeigt sich gerade in der Diskussion um das Hochschulzukunftsgesetz.

Wendepunkt ist das neue Landespersonalvertretungsgesetz auf Grund der neu eingefügten Paragraphen 65 a Wirtschaftsausschuss, der sich auf das gesamte Geltungsgebiet des LPVG bezieht, und 105 b, der die Zuständigkeit der Wirtschaftsausschüsse an Hochschule weiter spezifiziert. Damit wurden Regelungen, die bisher nur im Betriebsverfassungsgesetz und in der sogenannten freien Wirtschaft Gültigkeit besaßen, auf den öffentlichen Dienst in Nordrhein-Westfalen übertragen.

Im folgenden wird zunächst reflektiert, welche Aspekte von Wirtschaftsausschuss im Betriebsverfassungsgesetz im Vordergrund stehen, um dann im dritten Kapitel dieses Buches die neue

rechtliche   Regelung   im
Landespersonalvertretungsgesetz zu beleuchten und
in Bezug auf die dort einzeln aufgeführten Punkte
durchzudeklinieren.

2 Wirtschaftsausschuss und Betriebsräte

Der sechste Abschnitt des Betriebsverfassungsgesetzes subsumiert unter der Überschrift „Wirtschaftliche Angelegenheiten" (§§ 106-113) zwei Unterabschnitte, nämlich „Unterrichtung in wirtschaftlichen Angelegenheiten" (§§ 106-110) und „Betriebsänderungen" (§§ 111-113). Die Aufgabenbeschreibung des Wirtschaftsausschusses findet sich im § 106 Wirtschaftsausschuss. Dort heißt es:

(1) In allen Unternehmen mit in der Regel mehr als einhundert ständig beschäftigten Arbeitnehmern ist ein Wirtschaftsausschuss zu bilden. Der Wirtschaftsausschuss hat die Aufgabe, wirtschaftliche Angelegenheiten mit dem Unternehmer zu beraten und den Betriebsrat zu unterrichten.

(2) Der Unternehmer hat den Wirtschaftsausschuss rechtzeitig und umfassend über die wirtschaftlichen Angelegenheiten des Unternehmens unter Vorlage der erforderlichen Unterlagen zu unterrichten, soweit dadurch nicht die Betriebs- und

Geschäftsgeheimnisse des Unternehmens gefährdet werden, sowie die sich daraus ergebenden Auswirkungen auf die Personalplanung darzustellen. Zu den erforderlichen Unterlagen gehört in den Fällen des Absatzes 3 Nr. 9a insbesondere die Angabe über den potentiellen Erwerber und dessen Absichten im Hinblick auf die künftige Geschäftätigkeit des Unternehmens sowie die sich daraus ergebenden Auswirkungen auf die Arbeitnehmer; Gleiches gilt, wenn im Vorfeld der Übernahme des Unternehmens ein Bieterverfahren durchgeführt wird.

(3) Zu den wirtschaftlichen Angelegenheiten im Sinne dieser Vorschrift gehören insbesondere

1. die wirtschaftliche und finanzielle Lage des Unternehmens;

2. die Produktions- und Absatzlage;

3. das Produktions- und Investitionsprogramm;

4. Rationalisierungsvorhaben;

5. Fabrikations- und Arbeitsmethoden, insbesondere die Einführung neuer Arbeitsmethoden;

5a. Fragen des betrieblichen Umweltschutzes;

6. die Einschränkung oder Stilllegung von Betrieben oder von Betriebsteilen;

7. die Verlegung von Betrieben oder Betriebsteilen;

8. der Zusammenschluss oder die Spaltung von Unternehmen oder Betrieben;

9. die Änderung der Betriebsorganisation oder des Betriebszwecks;

9a. die Übernahme des Unternehmens, wenn hiermit der Erwerb der Kontrolle verbunden ist, sowie

10. sonstige Vorgänge und Vorhaben, welche die Interessen der Arbeitnehmer des Unternehmens wesentlich berühren können.

Da der § 106 des Betriebsverfassungsgesetzes die Blaupause für den Wirtschaftsausschuss im Landespersonalvertretungsgesetz abgibt, ist das damit verbundene Richterrecht für die weitere Behandlung im Zusammenhang mit Hochschulen – aber nicht nur dort - wichtig.

Das Bundesarbeitsgericht hat mit Urteil vom 20. November 1984 die Verpflichtung spezifiziert, den Betriebsrat und ggf. den Wirtschaftsausschuss des Betriebsrates rechtzeitig und umfassend zu unterrichten. Es muss sichergestellt werden, dass der Betriebsrat (oder der Gesamtbetriebsrat) vor Durchführung einer Maßnahme seine Beratungsaufgaben bezüglich der Gesamtplanung wahrnehmen kann, weil sich die Gesamtplanung in der Regel auch auf die Personalplanung auswirkt.

Die Personalplanung selber ist sehr frühzeitig im wirtschaftlichen Entscheidungsprozess anzusetzen. In einem weiteren Urteil des Bundesarbeitsgerichts vom 6. November 1990 hat das Gericht festgehalten, dass die Feststellung des Personalbedarfs für ein geplantes Projekt – schon vor der Zustimmung des einzigen Zuwendungsgebers – Personalplanung im Sinne des § 92 Betriebsverfassungsgesetzes ist. Der Arbeitgeber, so die Auflage des Gerichts, hat den Betriebsrat über diese Personalplanung zu informieren. (BAG, Entscheidung vom 6. November 1990 – 1 ABR 60(89)) Mithin wird an Hochschulen, an denen der Wirtschaftsausschuss ebenfalls frühzeitig und umfassend über die Personalplanung zu unterrichten ist, schon der Antrag auf Zuweisung von Mitteln

Dritter an das Gremium weiter zu leiten sein.

Unterlagen für den Wirtschaftsausschuss müssen vom Arbeitgeber rechtzeitig vorgelegt werden, damit die Mitglieder des Gremiums sich auf Sitzungen gründlich vorbereiten können. Dazu kann es notwendig sein, dass schriftliche Unterlagen schon (weit) vor der Sitzung vorliegen. Dazu können Einnahme- und Ausgabenposten gehören (LAG Hamm vom 15. Oktober 1986 – 12 TaBV 6/86), sicher aber Wirtschaftsprüfungsberichte (BAG vom 8. August 1989 – 1 ABR 61/88). Jedenfalls ist eine Übersendung von umfangreichen Materialien am Tag vor einer Gremiensitzung kein korrektes Verhalten des Arbeitgebers.

Auch unterjährige Unterlagen (z.B. Erfolgsrechnungen von Betriebsteilen) unterstehen der Informationspflicht des Arbeitgebers (BAG vom 17. September 1991 – 1 ABR 74/90), speziell aber die Gegenüberstellung von Plan- und Ist-Zahlen – aufgeschlüsselt nach den einzelnen Kostenstellen (BAG vom 8. August 1989 – 1 ABR 61/88).

Ein weiterer Aspekt ergibt sich aus der Frage, ob Unterlagen dann vom Arbeitgeber herausgegeben werden müssen, wenn erst die Prüfung der Unterlagen den Wirtschaftsausschuss in die Lage versetzt, zu erkennen, ob der Betriebsrat in der Angelegenheit initiativ werden kann und/oder muss. (BAG vom 20. September 1990, 1 ABR 74/89)

Als Nebenfragen wurden von den Gerichten die Beteiligungen von Schwerbehindertenvertretung und

Gewerkschaftsvertretern an Wirtschaftsausschusssitzungen geklärt. Dabei hat das Bundesarbeitsgericht schon am 4. Juni 1987 (6 ABR 70/85) die beratende Teilnahme der Vertrauensperson der Schwerbehindertenvertretung für rechtmäßig erklärt. Ebenso ist die Teilnahme von GewerkschaftsvertreterInnen bei entsprechender Beschlussfassung des Wirtschaftsausschusses zulässig.

3 Wirtschaftsausschüsse an Hochschulen

Im Landespersonalvertretungsgesetz des Landes Nordrhein-Westfalen ist der Wirtschaftsausschuss im Paragraphen 65 b verankert. Unter der Überschrift „Wirtschaftsausschuss" heißt es dort:

(1) In Dienststellen mit in der Regel mehr als einhundert ständig Beschäftigten soll auf Antrag des Personalrats ein Wirtschaftsausschuss gebildet werden. Der Wirtschaftsausschuss hat die Aufgabe, wirtschaftliche Angelegenheiten der Dienststelle im Sinne des Absatzes 3 zu beraten und den Personalrat zu unterrichten.

(2) Die Dienststelle hat den Wirtschaftsausschuss rechtzeitig und umfassend über die wirtschaftlichen Angelegenheiten unter Vorlage der erforderlichen Unterlagen zu unterrichten - soweit dadurch nicht die Betriebs- und Geschäftsgeheimnisse oder Dienstgeheimnisse gefährdet werden - sowie die sich daraus

ergebenden Auswirkungen auf die Personalplanung darzustellen.

(3) Zu den wirtschaftlichen Angelegenheiten im Sinne des Absatzes 1 Satz 2 gehören insbesondere

1. die wirtschaftliche und finanzielle Lage der Dienststelle,

2. Veränderungen der Produktpläne,

3. beabsichtigte Investitionen,

4. beabsichtigte Partnerschaften mit Privaten,

5. Stellung der Dienststelle in der Gesamtdienststelle,

6. Rationalisierungsvorhaben,

7. Einführung neuer Arbeits- und Managementmethoden,

8. Fragen des betrieblichen Umweltschutzes,

9. Verlegung von Dienststellen oder Dienststellenteilen,

10. Neugründung, Zusammenlegung oder Teilung der Dienststelle oder von Dienststellenteilen,

11. Kooperation mit anderen Dienststellen im Rahmen interadministrativer Zusammenarbeit,

12. sonstige Vorgänge und Vorhaben, welche die Interessen der Beschäftigten der Dienststelle wesentlich berühren können.

(4) Der Wirtschaftsausschuss besteht aus mindestens drei und höchstens sieben Mitgliedern, die der Dienststelle angehören müssen, darunter mindestens einem Personalratsmitglied. Die Mitglieder sollen die zur Erfüllung ihrer Aufgaben erforderliche fachliche und persönliche Eignung besitzen. Sie werden vom Personalrat für die Dauer seiner Amtszeit bestimmt.

(5) Der Wirtschaftsausschuss soll vierteljährlich einmal zusammentreten. Er hat über jede Sitzung dem Personalrat unverzüglich und vollständig zu berichten.

(6) An den Sitzungen des Wirtschaftsausschusses hat die Dienststelle teilzunehmen. Sie kann weitere sachkundige Beschäftigte hinzuziehen.

Das Recht zur Einrichtung eines Wirtschaftsausschusses an Hochschulen und die von ihm zu behandelnden wirtschaftlichen Angelegenheiten wird im Paragraph 105a des LPVG NRW noch weiter gefasst:

In den Hochschulen und den Universitätskliniken soll auf Antrag eines oder des Personalrats ein Wirtschaftsausschuss (§ 65 a) gebildet werden. Zu den wirtschaftlichen Angelegenheiten im Sinne des § 65 a Absatz 1 Satz 2 gehört auch die Personalplanung und die Hochschulentwicklungsplanung.

Ob mit der weiteren Fassung des § 105a für die Hochschulen die Beschäftigtengrenze von 100 Beschäftigten entfällt, mag strittig sein. Der Autor dieser Zeilen würde dies ohne Zögern annehmen. Bemerkenswert ist allerdings, dass die an den Hochschulen vertretenen beiden Personalräte in diesem Punkt zur Zusammenarbeit verpflichtet sind – was allerdings im normalen Tagesgeschäft schon gilt, weil es an vielen Stellen Überschneidungen in der Zuständigkeit gibt.

Zunächst ist festzuhalten, dass die Formulierung des Absatzes 2 zur Informationspflicht der Dienststelle gegenüber dem Wirtschaftsausschuss dem des Betriebsverfassungsgesetzes im Wortlaut identisch ist. Damit kann ohne weiteres davon ausgegangen werden, dass Umfang und Zeitpunkt sowie Art der Unterlagen dem zu entsprechen haben, was nach Richterrecht in Bezug auf die Wirtschaftsausschüsse in der freien Wirtschaft bereits festgelegt wurde.

Zudem ist die komplette Personalplanung der Hochschule dem Gremium Wirtschaftsausschuss offen zu legen. Dazu zählt u.a. auch die Feststellung des Personalbedarfs schon vor der Zustimmung des Zuwendungsgebers. Dies wird an den Hochschulen speziell dann der Fall sein, wenn es sich um Drittmittelprojekte und –programme jedweder Art handelt. Dabei dürften sich die Personalräte neben den Beschäftigungsperspektiven auch für die Rahmenbedingen interessieren, unter denen zusätzliches Personal in der Hochschule arbeiten soll.

Durch das Richterrecht in Bezug auf die Wirtschaftsausschüsse ist zudem schon jetzt klar, dass die Informationsrechte der Gremien sehr tiefgreifend sind. Einnahme- und Ausgabeposten müssen nicht nur in akkumulierter Form den Ausschüssen zur Verfügung gestellt werden, sondern durchaus bis hinunter zu Einnahme- und Ausgabeposten einzelner Kostenstellen.

Unterlagen sind auch dann von der Dienststelle zur Verfügung zu stellen, wenn erst die Prüfung derselben durch den Wirtschaftsausschuss in die Lage versetzt, zu erkennen, ob die Personalräte initiativ werden können.

Auch die Beteiligung der Schwerbehindertenvertretung und von Gewerkschaftsvertreter (bei entsprechender Beschlussfassung des Gremiums) dürften unstrittig sein.

Im folgenden werden die einzelnen Bestimmungen zu Wirtschaftsausschuss separat betrachtet. Das besondere Augenmerk wird dabei den wirtschaftlichen Angelegenheiten des Absatzes 3 des Paragraphen 65a gelten. Dazu treten aus dem § 105 b die Personalplanung und der Hochschulentwicklungsplan.

3.1. Wirtschaftliche und finanzielle Lage der Hochschule

Die wirtschaftliche und finanzielle Lage der Hochschule wird sich in verschiedenen Dokumenten darstellen. Dazu gehört zu allererst die Finanzplanung und die testierten Jahresabschlüsse der Hochschulen. Dazu gehören aber speziell auch Quartalsberichte der zuständigen Finanzdezernate aus den Hochschulen, die Ist- und Soll-Vergleiche enthalten.

Insbesondere die Buchführung und der damit einhergehende Jahresabschluss (Jahresbilanz mit Gewinn- und Verlustrechnung sowie der Lageeinschätzung) unterliegen rechtlichen Vorgaben. Dazu zählen die Regelungen im Hochschulgesetz des Landes Nordrhein-Westfalen (HG NRW), die Hochschulwirtschaftsführungsverordnung (HWFVO NRW) sowie die Verwaltungsvorschriften zur HWFVO (VV zur HWFVO NRW).

Mit dem Hochschulfreiheitsgesetz der Rüttgers-Regierung vom 1. Januar 2007 wurde die Eigenständigkeit der Hochschulen als Körperschaften öffentlichen Rechts eingeführt. Nach den Prinzipien von Autonomie und Eigenverantwortung unterstehen die Hochschulen dem zuständigen Wissenschaftsministerium nur noch rechtsaufsichtlich. Die Verantwortung für die Finanz-, Personal- und Organisationsentscheidungen liegen nunmehr ganz bei den Hochschulen.

Das Hochschulgesetz konkretisiert dies im § 5 unter den Stichworten Finanzierung und Wirtschaftsführung. Als Pflichten der Hochschulen sind dabei das ganzheitliche Controlling und die Aufstellung eines Jahresabschlusses aufgeführt. Dabei haben die Hochschulen weiterhin das Wahlrecht, ob sie den Jahresabschluss althergebracht kameralistisch oder neu nach kaufmännischen Grundsätzen aufstellen. Allerdings wird die Wahlmöglichkeit dadurch eingeschränkt, dass Kreditaufnahmen der jeweiligen Hochschule nur dann zulässig sind, wenn sie nach kaufmännischen Grundsätzen ihre Wirtschaftsführung und ihr Rechnungswesen ausgestaltet und zusätzlich der Jahresabschluss durch einen Wirtschaftsprüfer testieren lässt. Für das Hochschulzukunftsgesetz ist zudem ein Übergang zur Doppik mit entsprechender Fristsetzung für alle Hochschulen bereits vorbedeutet.

In der Regel haben die Hochschulen die Kameralistik bereits hinter sich gelassen und haben die kaufmännische Buchführung eingeführt, so dass auf den kameralen Teil der Hochschulwirtschaftsführung nicht weiter eingegangen wird.

Die HWFVO sieht nach § 2 einen Wirtschaftsplan vor. Seit 2008 müssen entsprechende Pläne in den Hochschulen aufgestellt werden.

Der Wirtschaftsplan einer Hochschule muss vom Umfang her alle zu erwartenden Einnahmen (aus dem Zuschusshaushalt, aber auch aus Drittmittel oder Programmmitteln) und die zur Erfüllung der Hochschulaufgaben voraussichtlich erforderlichen

Ausgaben einschließlich der Investitionen aufführen. Der Haushaltsplan muss ausgeglichen sein, d.h. Einnahmen und Ausgaben müssen in der Summe übereinstimmen.

Da erwartbar Ausgaben und Einnahmen niemals übereinstimmen werden, stehen als Ausgleichsposten die Rückstellungen der Hochschulen zur Verfügung, ggf. auch Kredite. Insofern trifft der Haushaltsplan Aussagen über geplante Rückstellungsauflösungen oder Zuweisungen zu den Rückstellungen.

Während der Haushaltsplan eine Soll-Beschreibung des wirtschaftlichen Agierens für das Folgejahr darstellt, bezieht sich der Jahresabschluss als Ist-Beschreibung auf ein bereits wirtschaftlich abgeschlossenes Jahr.

Den Umfang des kaufmännischen Jahresabschlusses beschreibt der § 11 HWFVO. Er besteht aus der Bilanz, der Ergebnisrechnung, dem Anhang, dem Lagebericht und der Überleitungsrechnung. Die Aufstellung des Jahresabschlusses hat innerhalb von drei Monaten nach Jahresschluss (also bis zum jeweiligen 31.03. des Folgejahres) zu erfolgen und ist durch einen Wirtschaftsprüfer zu testieren.

3.2. Produktpläne

Veränderungen der Produktpläne bedeuten für Hochschulen vor allem die Änderungen in den Studiengängen, also die Einrichtung neuer Studiengänge, die Schließung vorhandener Studiengänge, aber auch die quantitative Änderung von Studiengängen (Herauf- oder Herabsetzung der Studierendenzahlen). Daneben sind selbstverständlich auch die Übernahme von Dienstleistungen für andere (z.B. Reisekostenabrechnungen für andere Hochschulen durch Kooperationsvereinbarungen) gemeint.

Unter die Produkte, die eine Hochschule an den Markt, fallen aber noch andere wissenschaftliche Dienstleistungen wie etwa Patente und deren wirtschaftliche Nutzung. Zunehmend wird auch das Personal der Hochschulen in Fortbildungen am Markt angeboten, teilweise in strukturierten Programmen (Fortbildungsmaster), teilweise in Einzelveranstaltungen (z.B. Lehrerfortbildung)

3.3. Investitionen

Beabsichtigte Investitionen können vielfältiger Natur sein: der Aufbau neuer Institute, der Bau neuer Gebäude (Labore, Büroräume, Hörsaalgebäude, Werkstätten), die Bereitstellung für Kapital zu einer GmbH usw.

In diesem Zusammenhang darf man nicht ausser Acht lassen, dass die Anmietung von Gebäude –egal ob vom BLB oder von freien Marktanbietern) ebenfalls Investitionen darstellen und damit zu den Angelegenheiten gehören, mit denen sich ein Wirtschaftsausschuss beschäftigen kann. Jedenfalls muss auch hier die Dienststelle die notwendigen Unterlagen vollumfänglich zur Verfügung stellen.

3.4. Partnerschaften

Beabsichtigte Partnerschaften mit Privaten, sogenannte Private Public Partnerships, werden ebenfalls als wirtschaftliche Angelegenheiten aufgeführt. Direkte Partnerschaften mit Privatunternehmen sind allerdings bei Hochschulen eher die Ausnahme. Auch die Firmen steuern dies lieber – und ganz sicher aus politischen Gründen – über Stiftungen. Dabei darf man nicht aus den Augen verlieren, dass die Stiftungen ganz maßgeblich durch personelle Verflechtungen mit dem Mutterunternehmen verbunden sind. Die kritische Stellung, die z. B. gegenüber der Bedeutung der Bertelsmann-Stiftung für den Bildungsbereich einnimmt, ist zu beachten. Andere Stiftungsprojekte sind hingegen in ihrer Zielsetzung deutlich sozialer eingestellt (z.B. Mercator-Stiftung)

3.5. Stellung in der Gesamtdienststelle

Die Stellung der Dienststelle in der Gesamtdienststelle ist für Hochschulen ein nicht zu beachtender Tatbestand, da die Hochschule selber als Dienststelle fungiert.

3.6. Rationalisierungsvorhaben

Rationalisierungsvorhaben betreffen immer wieder und in erster Linie die Beschäftigten in Technik und Verwaltung. Es zeigt sich an aktuellen Veränderungen in den Hochschulen sehr deutlich, dass diese

Beschäftigten bei Großvorhaben – z.B. der Einführung neuer Managementsysteme für die Verwaltung – einen beträchtlichen Informations- und Weiterbildungsbedarf haben. Deshalb lösen Rationalisierungsvorhaben immer Ängste, die, wenn sie nicht durch Information begleitet werden, zu Verweigerung und Ablehnung bei Einzelnen oder ganzen Gruppen von Beschäftigten führen können. Bei der knappen Personaldecke in manchen Hochschulverwaltungen ist dies schon aus unternehmerischer Sicht nicht tolerabel. Aus Sicht von Personalvertretungen geht es aber weit über die Vermeidung von Friktionen hinaus um eine aktive Einbindung aller betroffenen Beschäftigten durch entsprechende Qualifizierung. Rationalisierung ohne Personalentwicklung ist aus Arbeitnehmersicht nicht zielführend.

3.7. Einführung neuer Arbeits- und Managementmethoden

Bei der Einführung neuer Arbeits- und Managementmethoden handelt es sich oftmals auch um Rationalisierungsmaßnahmen im Sinne des Abschnitts 3.6. Insofern gelten hier die gleichen Implikationen für das Handeln der Dienststelle: offene Information und Weiterbildung der betroffenen Beschäftigten.

Da aber die Einführung neuer Methoden nicht immer ersichtlich zu Rationalisierungen führt, muss hier darüber nachgedacht werden, was noch darunter zu verstehen ist.

Sicherlich kann man unter diesen Punkt Verschiebungen in den Verantwortlichkeiten zwischen Zentrale und dezentralen Einrichtungen (Fachbereiche, Abteilungen, Institute) verstehen, speziell dann, wenn damit finanzielle Zuständigkeiten wechseln. So kann die Einführung oder Änderungen von Budgetierungen hierunter gefasst werden.

3.8. Betrieblicher Umweltschutz

Fragen des betrieblichen Umweltschutzes berühren die Arbeit des Personalrats in ganz elementarer Weise. Arbeits- und Umweltschutz ist ein zentrales Thema gewerkschaftlicher Arbeit seit Anbeginn der Auseinandersetzung zwischen den sich organisierenden Arbeitnehmern und dem Unternehmer.

Dabei kann sich der Wirtschaftsausschuss einer Hochschule fragen, ob für die Dienststelle kalkulierbar (oder unkalkulierbar) Risiken finanzieller Natur durch die Nichtbeachtung von zentralen Vorschriften des Umweltschutzes nicht beachtet werden.

3.9. Verlegung von Dienststellen und Dienststellenteilen

Die Verlegung von Dienststellen oder Dienststellenteilen ist zumeist kein Thema an Universitäten, da sie regelmäßig an einen Standort dauerhaft gebunden sind.

Für Fachhochschulen kann dieses aber durchaus wichtig werden, vor allem, weil sie auf Grund ihrer regionalen Struktur häufig auf verschiedene Standorte verteilt agieren und Studiengänge und Services anbieten.

Dieses wird vor dem Hintergrund des Hochschulzukunftsgesetzes noch gravierender, da angedacht und bereits formuliert ist, dass Standorte durch das zuständige Ministerium nach Rücksprache mit der Hochschule geschlossen werden können. Dies betrifft elementar die Belange der dort Beschäftigten, ihren Arbeitsplatz und ihre gesellschaftliche Sicherheit.

3.10. Neugründung, Zusammenlegung oder Teilung der Dienststelle oder von Dienststellenteilen

Im Prinzip gilt hier dasselbe wie unter 3.9, wenn es um die Gesamtdienststelle geht. Da aber auch Dienststellenteile betroffen sind, mag ein Zweifel darüber bestehen, wie tief die Regel in der Struktur einer Hochschule greift. Unstrittig dürfte sein, dass zentrale Einrichtungen und die Fakultäten und Fachbereiche unter diese Regelung fallen. Argumentiert man analog zu den Kostenstellen in Finanzangelegenheiten, so kann man auch auf die Ebene von Instituten und Abteilungen, mindestens aber auf Lehreinheiten hinunter gehen.

Deren Neugründung, Zusammenlegung oder Teilung macht unternehmerisch nur Sinn, wenn damit mittelfristig Geld eingespart oder durch Sichtbarmachung Mehr Geld aquiriert werden kann.

Aus der täglichen Praxis wissen die Personalräte, dass das Auseinandergehen von Einrichtungen in den Hochschulen gelegentlich durch andere, als durch fiskale Überlegungen gesteuert wird.

3.11. Kooperation mit anderen Dienststellen im Rahmen interadministrativer Zusammenarbeit

Administrative Zusammenarbeit kann es zwischen den Hochschulen und Landeseinrichtungen geben. Hierunter fällt typischerweise die Kooperation bei der Gehaltszahlung mit dem Landesamt für Besoldung und Versorgung.

Daneben treten Kooperationen mit anderen Hochschulen, etwa am selben Standort, bei der

Erledigung gleicher Verwaltungsaufgaben bei gleicher Rechtsgrundlage. Denkbar ist die gemeinsame Bearbeitung von Beihilfeanträgen oder Reisekostenabrechnungen.

An einigen Standorten wird man auch an das Verhältnis zwischen der Universität und dem Universitätsklinikum darunter zu zählen haben.

3.12. sonstige Vorgänge und Vorhaben, welche die Interessen der Beschäftigten der Dienststelle wesentlich berühren können.

Diese Generalregelung ermöglicht es dem Wirtschaftsausschuss außerhalb der oben genannten Punkte auch solche Themen anzusprechen, die die wirtschaftlichen Angelegenheiten der Hochschule betreffen.

3.13. Personalplanung

Das Bundesarbeitsgericht hat in seiner Entscheidung vom 23.3.2010 unter dem Aktenzeichen 1 ABR 81/08 festgestellt:

„Nach § 92 Abs. 1 Satz 1 BetrVG hat der Arbeitgeber den Betriebsrat über die Personalplanung, insbesondere über den gegenwärtigen und künftigen Personalbedarf sowie die sich daraus ergebenden personellen Maßnahmen und Maßnahmen der Berufsbildung anhand von Unterlagen rechtzeitig und umfassend zu unterrichten. Zur Personalplanung gehören die Personalbedarfsplanung, die Personaldeckungsplanung, die Personalentwicklungsplanung und die Personaleinsatzplanung."

Personalplanung ist dabei kein Selbstzweck, sondern entfaltet sowohl für den Arbeitgeber als auch für den Arbeitnehmer Vorteile.

Für den Arbeitgeber ergibt sich die Perspektive, dass Personalengpässe oder auch Personalüberschuss erkannt werden; frühzeitige Personalanwerbung und eine auf die Bedarfe abgestimmte Personalentwicklung verringern die Abhängigkeit vom externen Arbeitsmarkt; Insbesondere eine zielgerichtete Personalentwicklung kann zu einer verstärkten Motivation der Mitarbeiter führen.

Umgekehrt gilt für die Arbeitnehmer, dass eine sachorientierte Personalplanung die Sicherheit des Arbeitsplatzes erhöht. Insbesondere die Personalentwicklung bietet für den einzelnen die Chance, dass seine/ihre individuellen Aufstiegswünsche und Qualifikationsvoraussetzungen Eingang in die Personalplanung finden. Das ermöglicht für den Arbeitnehmer zudem, einen Einblick in den internen Arbeitsmarkt des Arbeitgebers zu bekommen.

Für die Hochschulen sind also die vier Bereiche der Personalplanung maßgeblich, wie wir gesehen haben zum Nutzen der Hochschule wie zum Wohle des einzelnen Arbeitnehmers. Dabei stellt sich die Frage, auf welchem Aggregationsniveau Plangrößen festgelegt werden sollen. Auf der Ebene der gesamten Hochschule ist die Aussagekraft der Planungen nicht differenziert genug. Personalplanung wird regelmäßig genauer betrieben. Strukturpläne für Fachbereiche sind häufig maßgeblich für Personalplanungsentscheidungen auf Hochschulebene. Somit sind entsprechende mindestens fachbereichsbezogene Planungsdokumente dem Wirtschaftsausschuss zur Verfügung zu stellen. Es kann aber noch auf niedrigerer Ebene, also für dezentrale Betriebseinheiten, für Institute, Abteilungen, Lehreinheiten bis hin zu einzelnen Lehrstühlen eine Planungsdokumentation notwendig sein. Dabei ist zu beachten, dass schon die Antragstellung – egal, ob dies bei der eigenen Hochschule geschieht oder aber Drittmittelgeber welcher Couleur auch immer betrifft – dem Personalrat bereits mitzuteilen ist.

Neben die Fachbereiche tritt die Verwaltung als weiterer großer Block personalplanerischer Aufgaben der Hochschule. Dazu kommen die Mischbereiche zentraler Einrichtungen wie Universitätsbibliothek oder Zentrale Informationsverarbeitung, aber auch sonstige zentrale wissenschaftliche Einrichtungen (z.B. Zentrum für Lehrerbildung, Exzellenzcluster etc.) oder zentrale Betriebseinheiten. Alle diese Einrichtungen müssen einzeln für sich und in Abstimmung mit der gesamten Hochschule ihre Personalplanung aus den zugewiesenen Aufgaben und Ressourcen entwickeln.

Für Personalräte gibt es aber eine quer dazu liegende Sichtweise auf die Personalplanung. Hier interessieren die zugrunde gelegten Arbeitsverhältnisse, und zwar einerseits hinsichtlich der Frage nach Befristung oder Dauerarbeitsverhältnis, zum anderen nach der Entlohnung des Arbeitsplatzes. Die politische Diskussion um die Neugestaltung des Hochschulgesetzes hat zudem deutlich werden lassen, dass es zwischen den Hochschulen unterschiedliche Bewertungen gleichartiger Arbeitsplätze gibt, die dann auch zu unterschiedlicher Entlohnung führen. Eine standardisierte Eingruppierung von insbesondere nicht-wissenschaftlich beschäftigten Mitarbeiterinnen und Mitarbeitern für alle Hochschule im Land Nordrhein-Westfalen erscheint daher dringend geboten.

Im Bereich der wissenschaftlich Beschäftigten muss die Personalplanung einer Hochschule zudem darüber Auskunft geben, inwieweit die curricular vorgegebene Lehre (entsprechend den Akkreditierungen) von hauptamtlichem Personal übernommen wird – und nicht billig und massiv auf Lehraufträge ausgelagert wird. Ziel einer sozial ausgerichteten Personalplanung muss es sein, Lehraufträge so weit wie möglich durch personalstrukturelle Maßnahmen abzubauen. Diese Maßnahmen haben zudem den Charme einer Qualitätsverbesserung der Lehre in diesen Bereichen.

Desweiteren ist die Klientel der wissenschaftlichen Hilfskräfte zu beachten. Eine aus Sicht von Personalräten kluge Personalpolitik muss in der Personalplanung verdeutlichen, wie diese prekären Finanzierungsverhältnisse für Promovenden in reguläre Arbeitsverhältnisse im Tarifvertrag der Länder (TV-L) überführt werden. Hierzu ist eine mittelfristige Strategie von Nöten, die aktuelle individuelle Planungen der noch im Arbeitsverhältnis stehenden Hilfskräfte berücksichtigt, andererseits die finanzielle Möglichkeiten der Hochschule berücksichtigt. Setzt man eine solche Strategie um, ist es selbstverständlich so, dass weniger Arbeitszeit für die gleichen Ressourcen zur Verfügung steht, jedoch ist die Motivation der so behandelten Mitarbeiterinnen und Mitarbeiter dürfte ungemein viel größer sein.

Im Bereich der tarifbeschäftigten wissenschaftlichen Mitarbeiterinnen und Mitarbeiter gilt es, zwei Probleme bei der Personalplanung der Hochschule im Blick zu behalten.

Das eine Problem betrifft die Befristung von Arbeitsverträgen. Hier haben die Hochschulen, aber auch die Wissenschaftsadministration, bundesweit in der Anwendung des Wissenschaftszeitvertragsgesetzes versagt. Ohne die Kontrolle der Personalräte ist in den Jahren ab 2007 ein Regime an den Hochschulen gefahren worden, das dazu führte, jedes nur denkbare Arbeitsverhältnis im wissenschaftlichen Bereich per Wissenschaftszeitvertragsgesetz zu befristen. In einigen Bereichen gibt es nun ein Roll-back durch die Arbeitsgerichte. Insbesondere Lehrkräfte für besondere Aufgaben und Wissenschaftler, die mit Wissenschaftsmanagementaufgaben betraut sind, finden vor Gericht zunehmend als Dauerbeschäftigte an den Hochschulen ihre Anerkennung. Gleichwohl gibt es nach wie vor die Tendenz an einigen Hochschulen, von der Befristungspraxis nicht abzuweichen. Strukturpläne der Fachbereiche, zentralen Einrichtungen und Betriebseinheiten wie auch Verwaltungen (sic!) sind darauf abzuklopfen, ob sie entsprechende Stellen als „befristet zu besetzen" ausweisen.

Das andere große Problem mit wissenschaftlichen Beschäftigten ist die sogenannte „Zwangsteilzeit". Viele Stellen im wissenschaftlichen Bereich an Hochschulen werden von vorne herein als Teilzeitstellen ausgewiesen. Die Regelungen des § 9 des Teilzeit- und Befristungsgesetzes, dass Teilzeitbeschäftigte einen Antrag auf Vollzeitbeschäftigung stellen können und sie bei entsprechenden Stellenangeboten bevorzugt eingeplant werden müssen, wird dabei geflissentlich durch die Hochschulleitung und die Personalverwaltung unterschlagen. Vor dem Hintergrund entsprechender Vorgaben des Landes in Rahmenrichtlinien für gute Arbeit an Hochschulen wird dies thematisiert und die Hochschulen werden sich damit auseinander zu setzen haben.

3.14. Hochschulentwicklungsplan

Der Erstellung des und die Zuständigkeit für den Hochschulentwicklungsplan ist im Hochschulgesetz (HG NRW) des Landes Nordrhein-Westfalen rechtlich normiert. Nach § 16 ist es eine der Aufgaben und Befugnisse des Präsidiums oder des Rektorats, den Entwurf des Hochschulentwicklungsplans zu erstellen. Es heißt dort wörtlich:

> Das Präsidium entwirft unter Berücksichtigung der Entwicklungspläne der Fachbereiche den Hochschulentwicklungsplan einschließlich des **Studienangebots,** der **Forschungsschwerpunkte** sowie der **Hochschulorganisation** als verbindlichen Rahmen für die Entscheidungen der übrigen Gremien, Funktionsträgerinnen und Funktionsträger.

Der Hochschulrat hat nach § 21HG NRW dem

Hochschulentwicklungsplan seine Zustimmung zu geben, nachdem der Senat der Hochschule zuvor gemäß § 22 HG NRW die Möglichkeit gehabt haben muss, Empfehlungen und Stellungnahmen zum Entwurf des Hochschulentwicklungsplans abgegeben zu haben

Die Aufgaben der Fachbereiche in diesem Zusammenhang werden in § 27 HG NRW nochmals aufgegriffen. Die Dekanin oder der Dekan

> erstellt im Benehmen mit dem Fachbereichsrat den Entwicklungsplan des Fachbereichs als Beitrag zum Hochschulentwicklungsplan.

Diese bisherige Ausgestaltung der Hochschulstrukturpläne nach Inhalt und Entstehungsprozess wird durch das geplante Hochschulzukunftsgesetz des Landes Nordrhein-Westfalen erweitert. Die Strukturpläne der einzelnen Hochschulen werden in einen Landeshochschulentwicklungsplan integriert, dessen Grundlinien durch die VertreterInnen des Souveräns, den Landtag, vorgegeben werden. Im Gegenstromprinzip von gleichzeitiger Ausarbeitung der Hochschulstrukturpläne wie der Ausgestaltung des Landeshochschulstrukturplanes wird es eine koordinierte landesweite Planung der Hochschullandschaft geben.

Die politische Auseinandersetzung, die sich daraus

ergibt, wird zumeist mit falschen Argumenten geführt. Dies ist aus gesellschaftlicher und gewerkschaftlicher Sicht keine Einschränkung der Freiheit von Forschung und Lehre, sondern die notwendige Konsequenz aus unabgestimmten Entscheidungen einzelner Hochschulen, Bereiche wie Lehreinheiten komplett zu schließen, ohne eine Rückmeldung an die anderen Hochschulen oder das zuständige Ministerium zu geben. Aus eigener Anschauung weiß der Autor dieser Zeilen, dass randständige Fächer, für die das Land dringend ausgebildete Personen braucht (z.B. Techniklehrer für die Sekundarstufe I), von einer Hochschule einfach umgewidmet werden – und zwar ganz unabhängig davon, dass in einem entsprechenden Institut exzellente Ausbildung und wohldotierte Drittmittel eingesammelt wurden.

4. Literatur

Literatur zu Wirtschaftsausschüssen an Hochschulen ist fast nicht vorhanden, was daran liegen wird, dass diese Form der Gremienbeteiligung am Wirtschaftsunternehmen. Aus rechtlicher Sicht fasst der Aufsatz von Thomas Gerdom alle wesentlichen Aspekte zusammen:

Gerdom, Thomas: Der Wirtschaftsausschuss nach § 65 a LPVG NRW – ein Novum im Personalvertretungsrecht. öAT 2012, 123

Ansonsten hat sich der Autor auf den immer zuverlässigen Kommentar zum Landespersonalvertretungsgesetz von Neubert et al. verlassen:

Personalvertretungsgesetz für das Land Nordrhein-Westfalen (LPVG NRW). Kommentar für die Praxis von Roland Neubert/Mario Sandfort/Ute Lorenz/Karl Heinz Kochs.11. überarbeitete und erweiterte Auflage, Essen: Neue Deutsche Schule Verlagsgesellschaft 2012

ÜBER DEN AUTOR

Der Autor ist seit den 1990er Jahren Mitglied des
Personalrats an der Westfälischen Wilhelms-
Universität Münster. An der Hochschule war er
während dieser Zeit in der Lehrerbildung tätig und
hat dort das Zentrum für Lehrerbildung als
Geschäftsführer ausgebaut. Seit 2012 ist er
hauptamtlich als 1. stellv. Vors. des Personalrats für
den wissenschaftlichen bereich freigestellt.